HEYNE<

Peter Grünlich

Wo wir benutztes Geschirr hinstellen

Die Welt in überwiegend lustigen Grafiken

WILHELM HEYNE VERLAG
MÜNCHEN

Danke an Jochen für die Grafiken auf den Seiten 130 und 131
Danke an Bossa für die Grafiken auf den Seiten 84, 100/101 und 136

Verlagsgruppe Random House FSC® N001967
Das für dieses Buch verwendete FSC®-zertifizierte Papier
Tauro liefert Sappi, Stockstadt.

4. Auflage

Originalausgabe 10/2014

Copyright © 2014 by Wilhelm Heyne Verlag, München,
in der Verlagsgruppe Random House GmbH
Printed in Germany 2015
Umschlaggestaltung: Nele Schütz Design, München
Satz: Uhl + Massopust, Aalen
Druck und Bindung: RMO, München
ISBN 978-3-453-60316-5

www.heyne.de

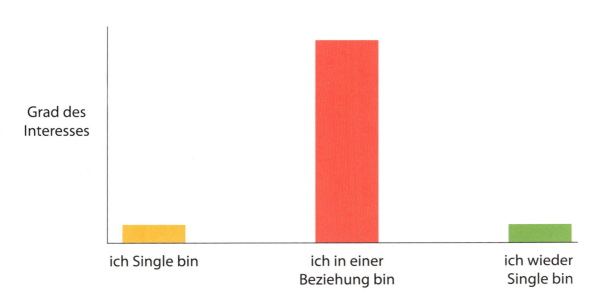

Was Frauen glauben, was sie mit dem Kauf von Actimel erwerben

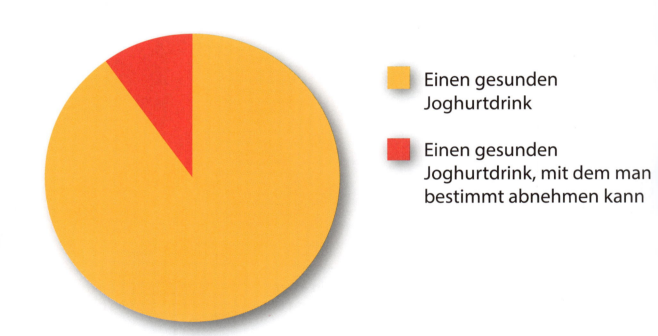

Was Männer glauben, was sie mit dem Kauf von Actimel erwerben

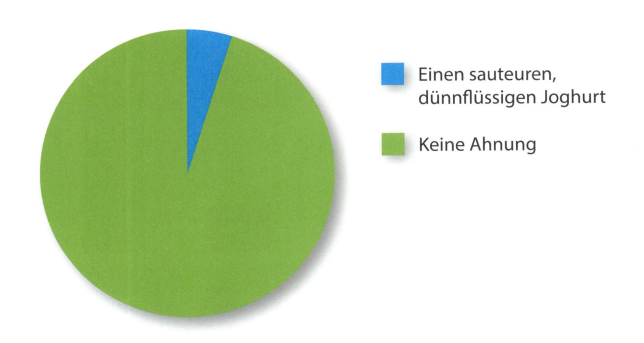

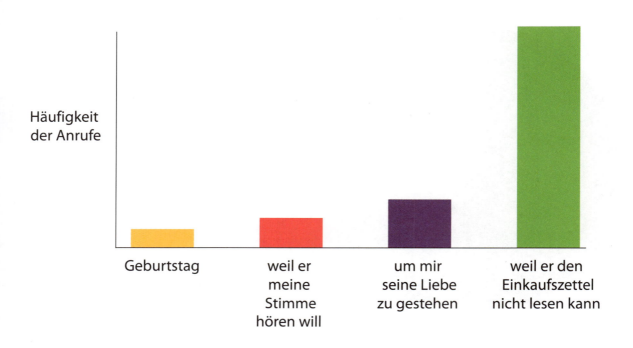

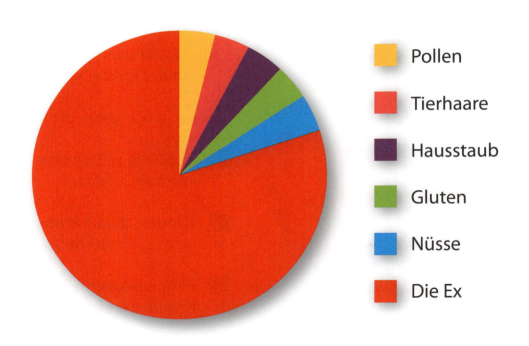

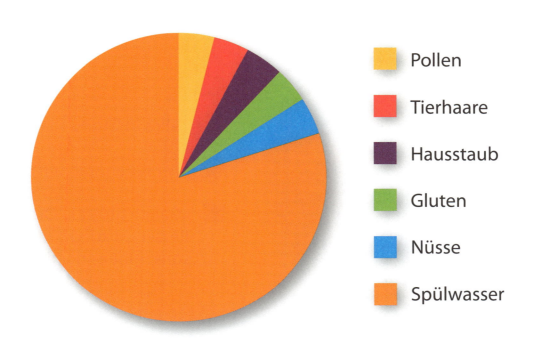

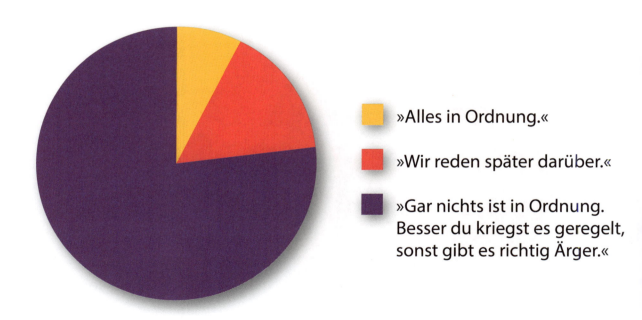

Was ein Mann glaubt, wenn die Frau, die er anspricht, mit den Augen rollt

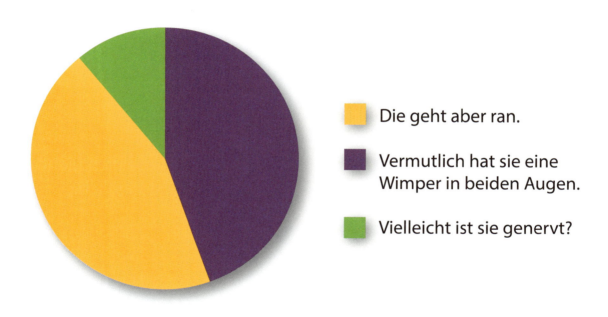

- Die geht aber ran.
- Vermutlich hat sie eine Wimper in beiden Augen.
- Vielleicht ist sie genervt?

Was Männer meinen, wenn sie sagen: »Ich ruf dich an!«

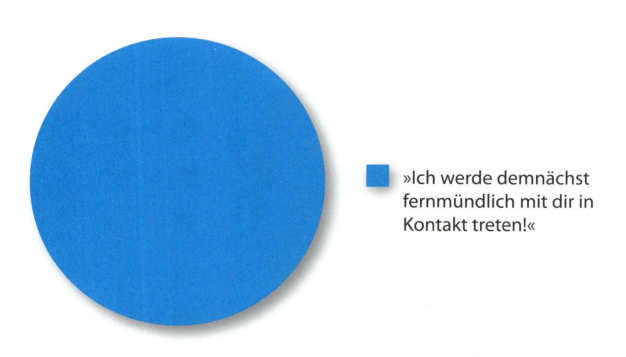

■ »Ich werde demnächst fernmündlich mit dir in Kontakt treten!«

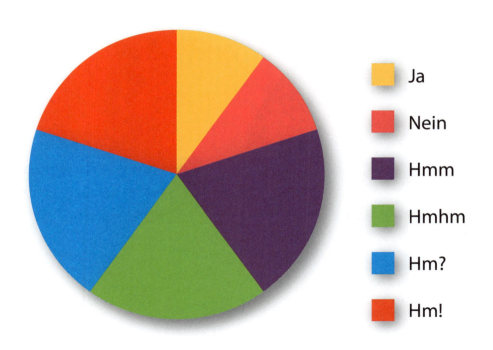

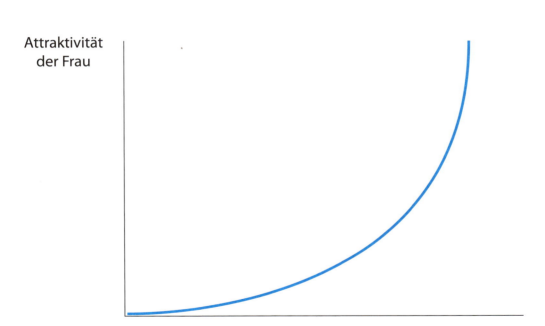

Häufigste Argumente von Männern, warum sie auf einer Party Alkohol trinken dürfen

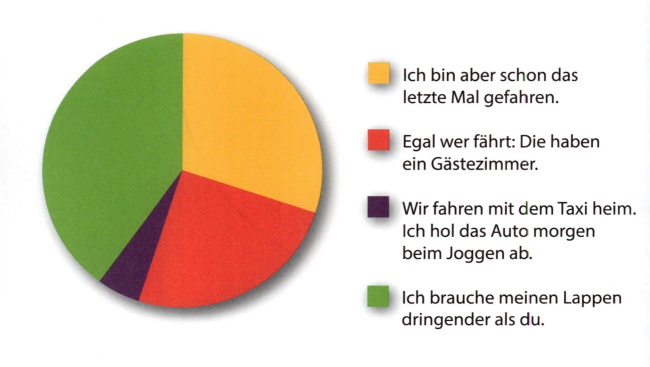

- Ich bin aber schon das letzte Mal gefahren.
- Egal wer fährt: Die haben ein Gästezimmer.
- Wir fahren mit dem Taxi heim. Ich hol das Auto morgen beim Joggen ab.
- Ich brauche meinen Lappen dringender als du.

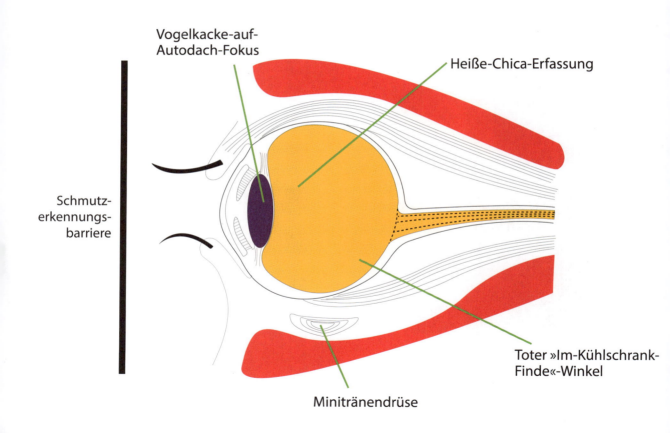

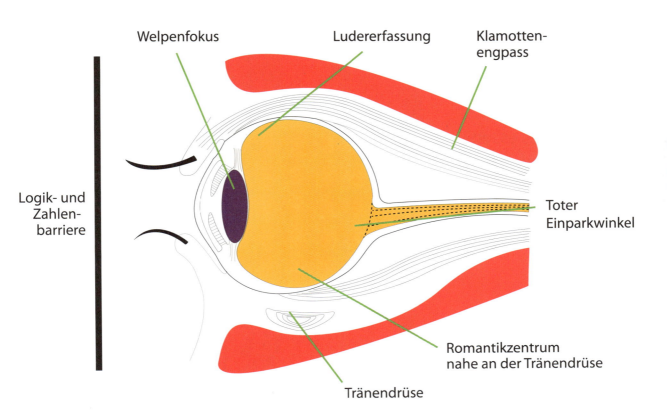

Aufmerksamkeitsspanne Mann

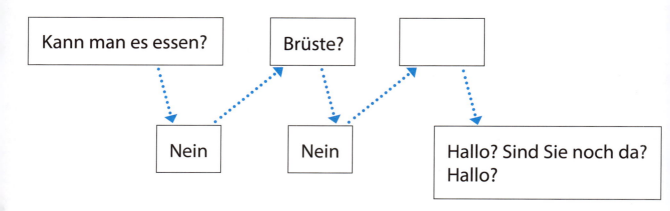

Ordnen Sie die Bilder dem jeweiligen Geschlecht zu

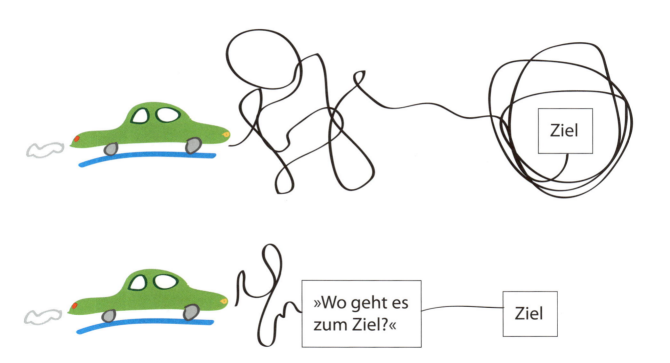

Was einer Frau zu »Auto waschen« einfällt

Was einem Mann zu »Auto waschen« einfällt

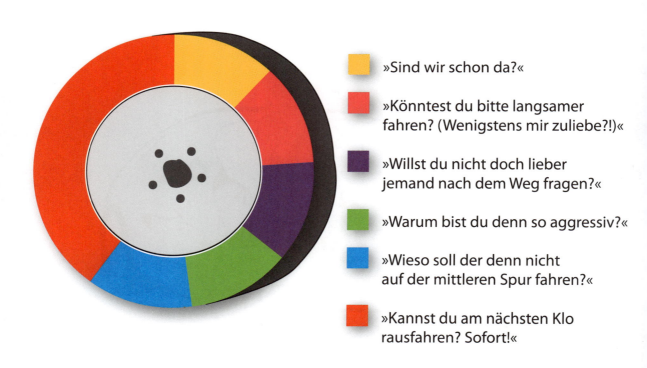

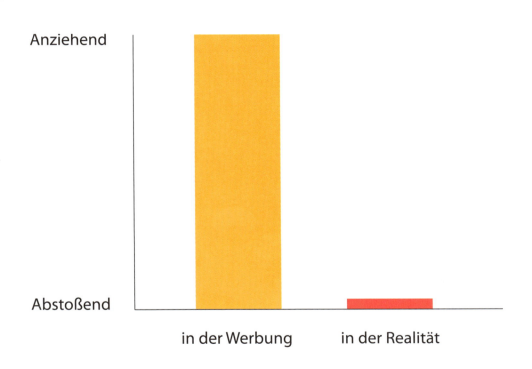

Das Baby schreit

25 %: »Es braucht Liebe.«

25 %: »Es hat die Windeln voll.«

25 %: »Es ist müde.«

25 %: »Es hat Hunger.«

100 %: »Es braucht die Mutter!«

Auf dem Badezimmerregal

IHRE
SACHEN

seine sachen

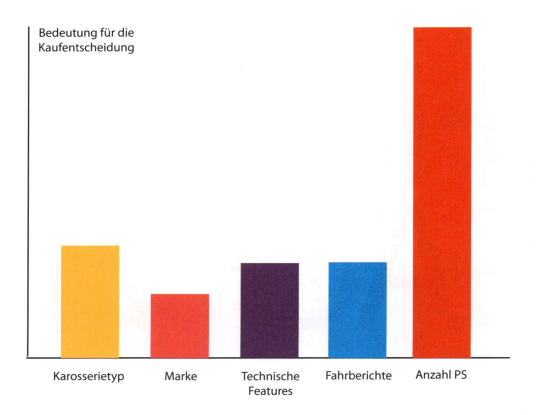

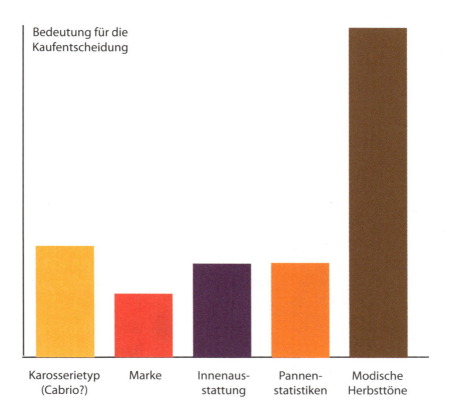

Was Jungs beim Autoscooter beachten

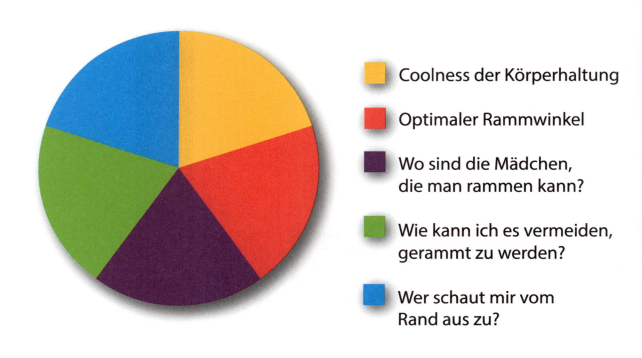

Was Mädels beim Autoscooter beachten

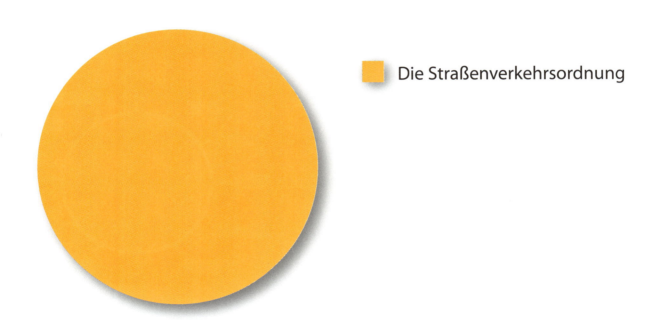

Die Bedienung der Waschmaschine

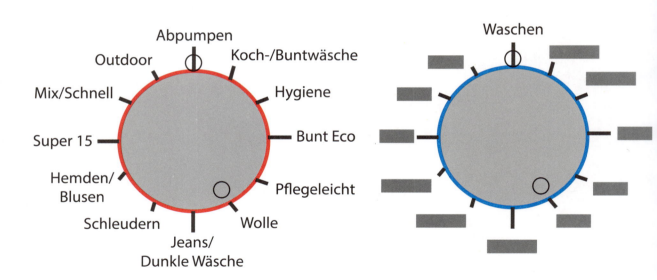

Wie sich Männer und Frauen begrüßen

Männer:

Frauen:

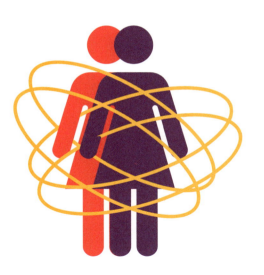

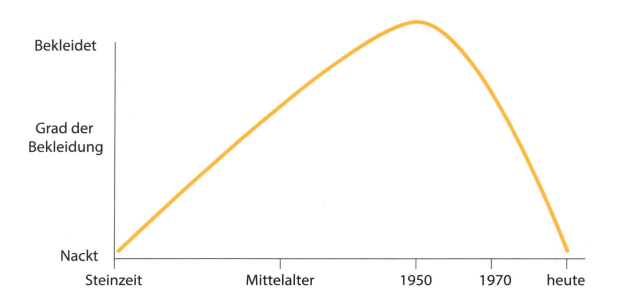

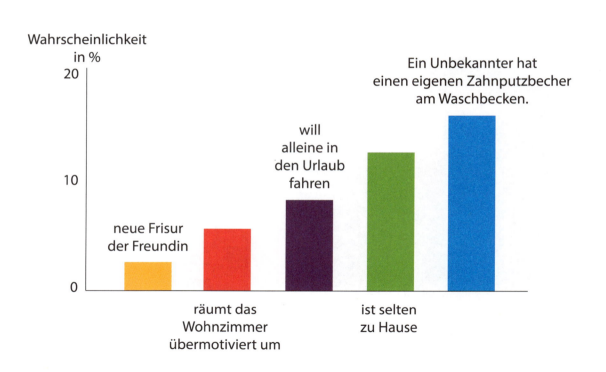

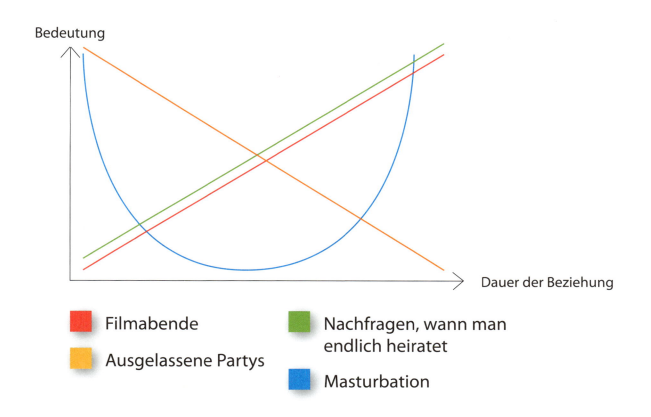

Womit er sich brüstet, dass er eine Bierflasche öffnen kann

- Mit dem Feuerzeug
- Mit einer Plastikflasche
- Mit einem gefalteten Papier
- Mit dem Augenlid

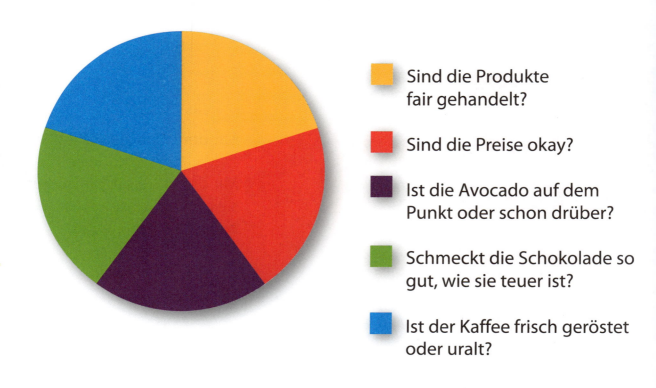

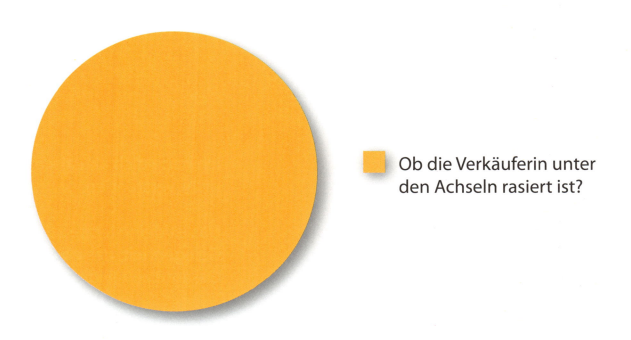

Was Männer verstehen, wenn Frauen »*Bitte?*« sagen

■ Sie hat mich akustisch nicht verstanden, ich muss es wiederholen.

Der Brautstrauß

- 🟧 Hoffentlich fängt sie ihn nicht.
- 🟥 Wenn sie ihn doch fängt, werden mich alle ansehen.
- 🟪 Wenn sie mich ansieht, muss ich erfreut aussehen.
- 🟩 Wenn die Jungs gucken, muss ich genügend erschrocken aussehen.
- 🟦 Hoffentlich kommt nicht auch noch die Scheiße mit dem Strumpfband.

- 🟧 Hoffentlich schmeißt sie ihn nicht in meine Richtung.
- 🟥 Ich sollte auf jeden Fall so tun, als wollte ich ihn fangen.
- 🟪 Wenn er in meine Richtung fliegt, darf ich ihn doch nicht fallen lassen – oder?
- 🟩 Wenn ich ihn fange, muss ich erfreut aussehen, allein schon wegen der Braut.
- 🟦 Wenn ich ihn fange, macht er vor seinen Jungs bestimmt ein erschrockenes Gesicht.

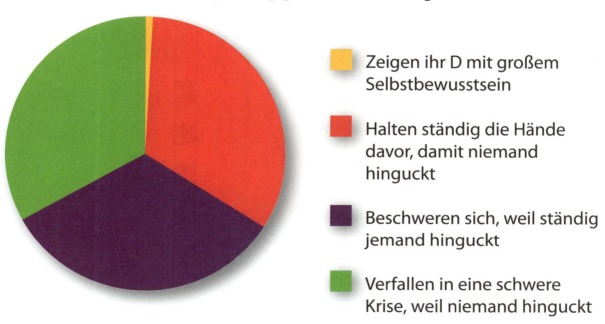

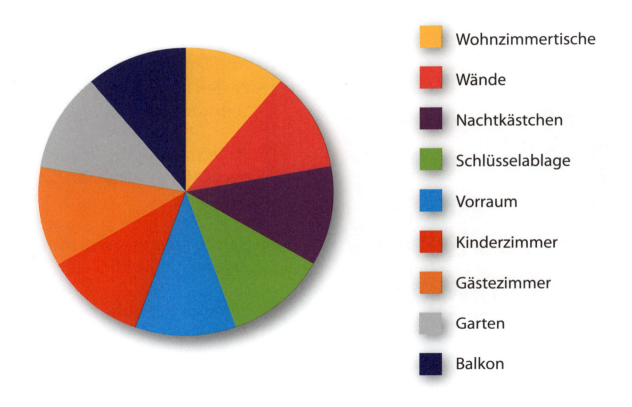

Was Männer dekorieren

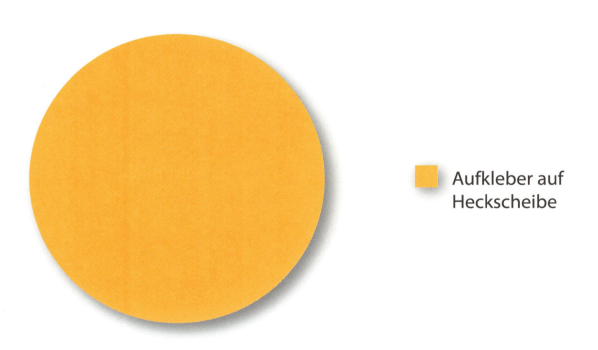

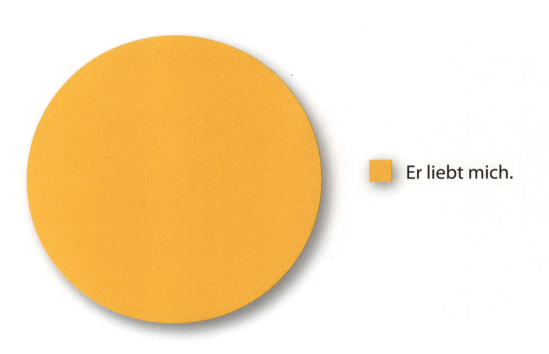

Was Männer meinen, wenn sie nachts eine »Ich muss an dich denken«-SMS schicken

■ Es ist spät, ich hätte Bock auf Sex und unternehme hiermit den verzweifelten Versuch, noch welchen zu bekommen.

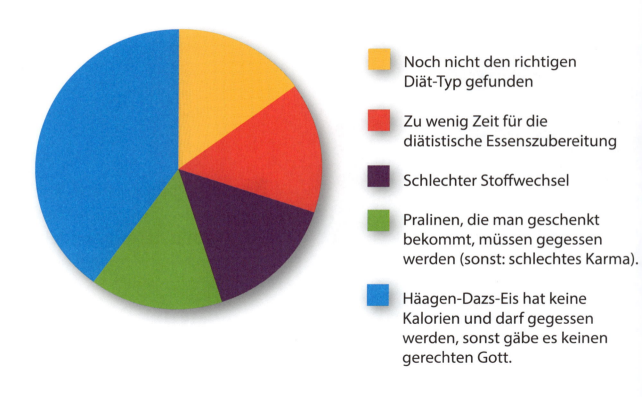

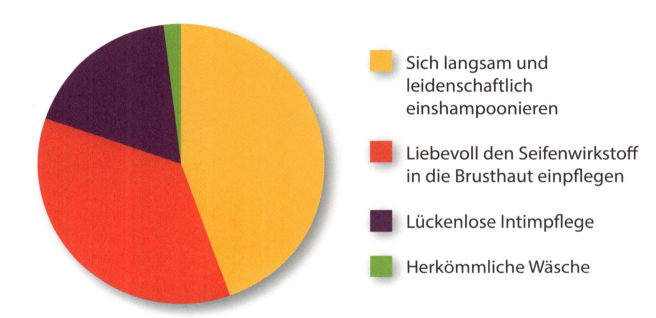

Das Verhältnis von schlauen Ratschlägen, die Hausarbeit betreffend, und Hausarbeit von Männern

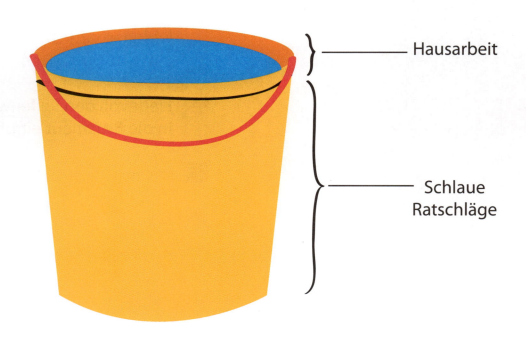

Wann Männer mit vollen Tüten durch Einkaufszentren hasten

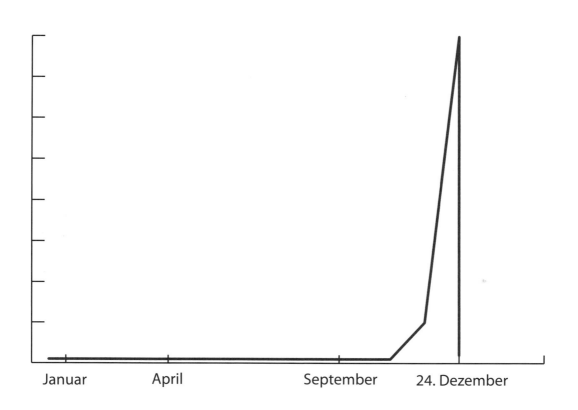

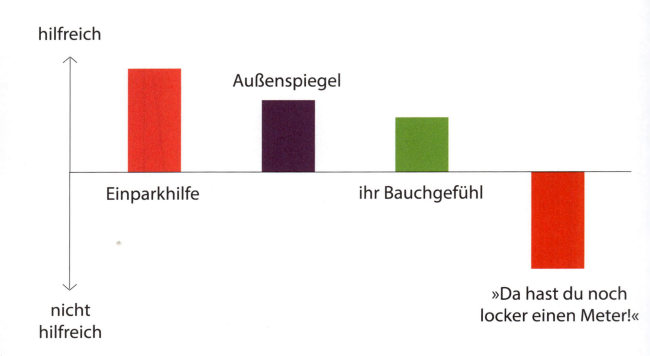

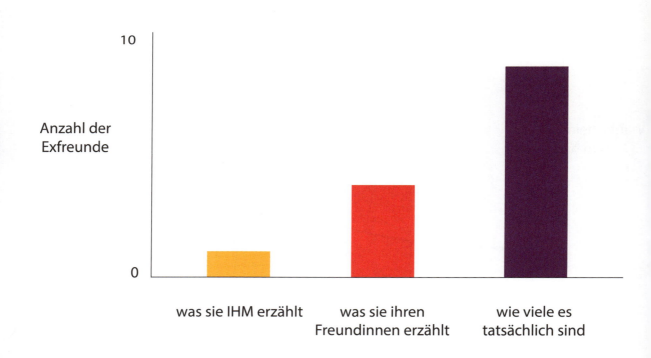

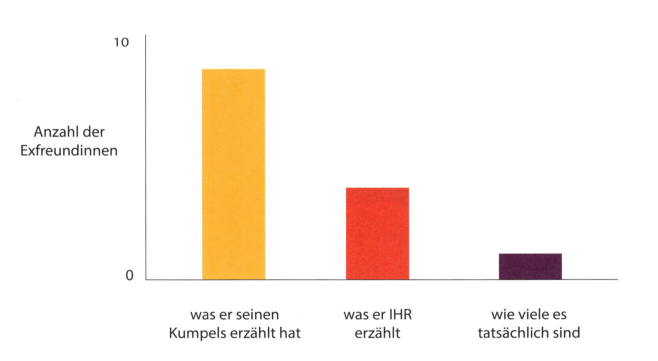

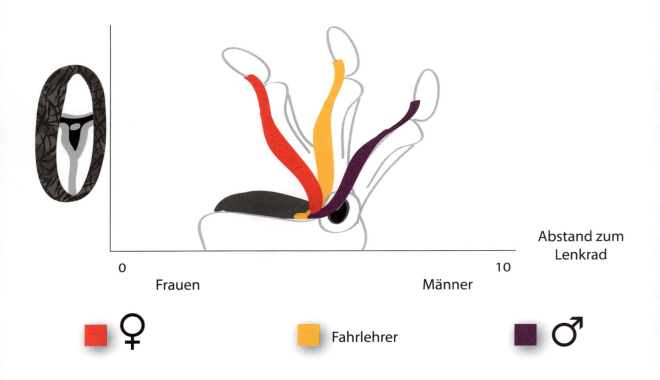

Farb-Empathie

Grün	Gelbgrün
Grün	Hellgrün
Grün	Blattgrün
Grün	Mittelgrün
Grün	Waldgrün
Grün	Dunkelgrün
Grün	Kaki
Grün	Dunkelkaki
Grün	Graugrün
Grün	Seegrün
Grün	Blaugrün
Grün	Graupetrol
Grün	Petrol
Grün	Matschgrün

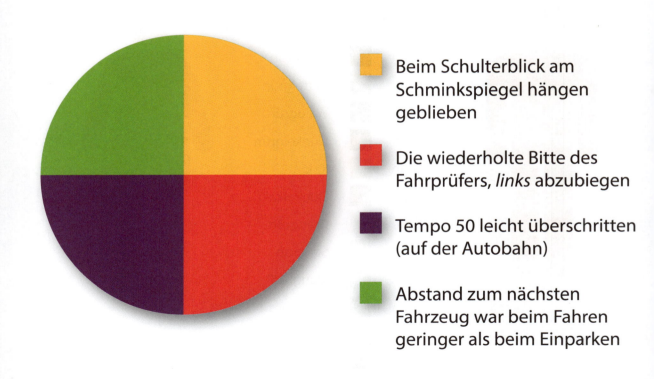

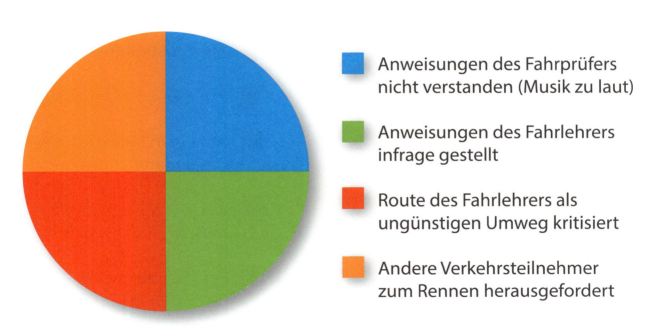

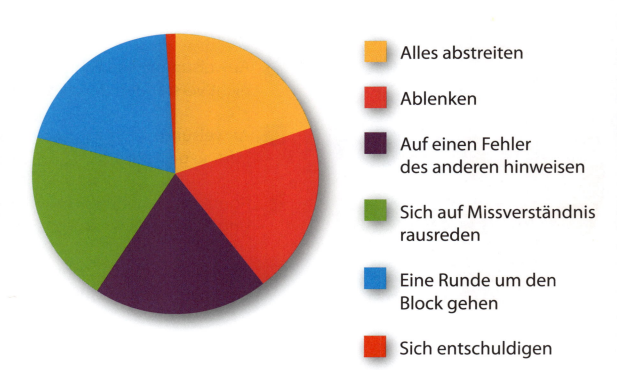

Feierverlauf im Lebenszyklus eines Pärchens

● **Zeitpunkt des Kennenlernens**

● **Beginn der Beziehung**

● **Momentaner Stand der Beziehung**

● **Nach der Beziehung**

Feiern bis zum Abwinken und bis in die Morgenstunden, beide blau wie die Haubitzen

Party nur manchmal. Frau schläft gerne. Ziehen Kuschelabende zu zweit vor. Getränkeauswahl ändert sich von Bier zu Rotwein

Spätestens um 23:30 wird eine Party verlassen. Die Frage, wer fährt, lässt längere Exzesse nicht mehr zu.

Feiern bis zum Abwinken und bis in die Morgenstunden, beide blau wie die Haubitzen

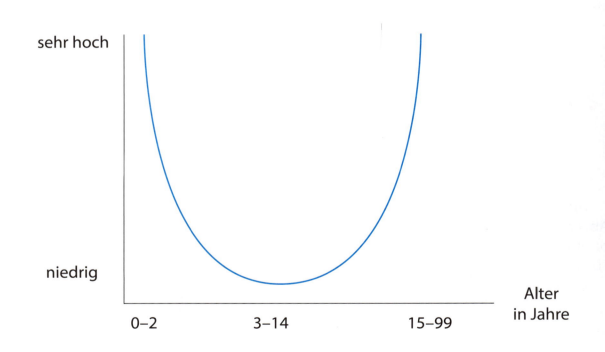

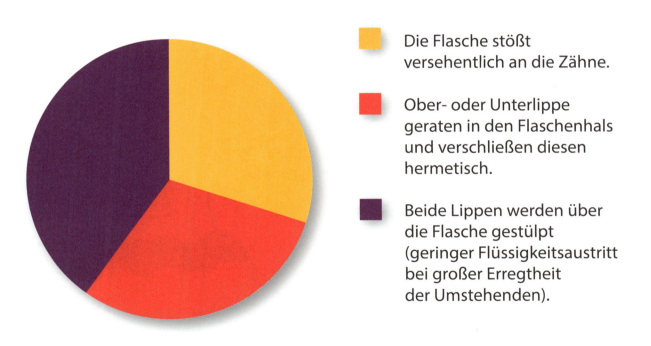

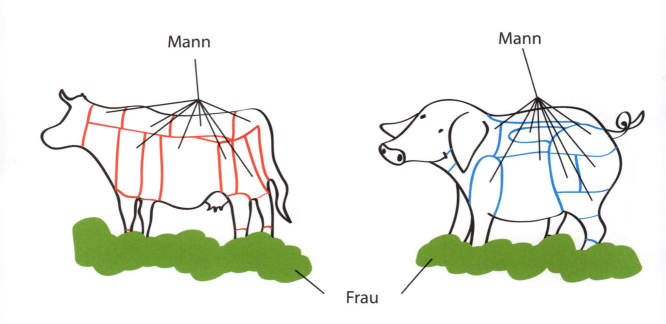

Flirtstufen

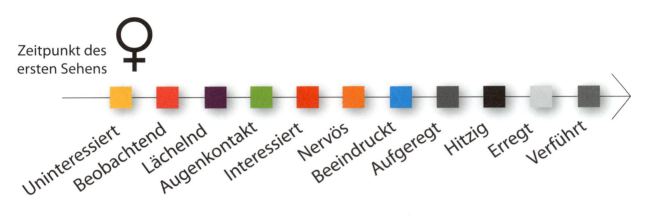
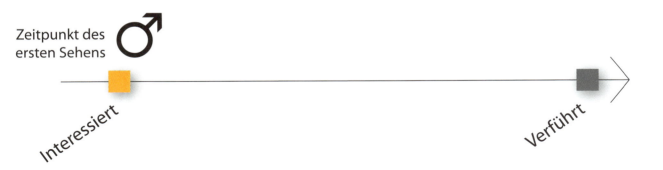

Warum wir im Urlaub fotografieren

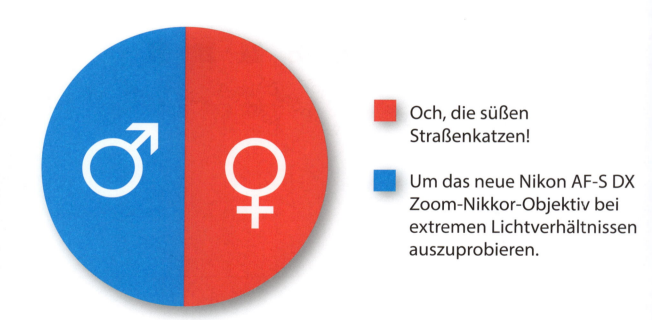

Frauenparadox

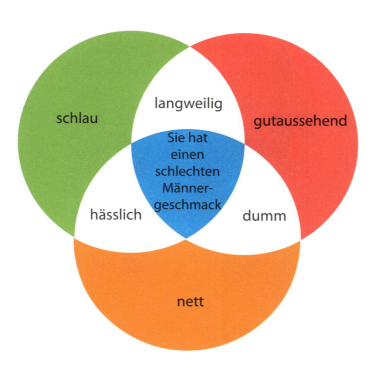

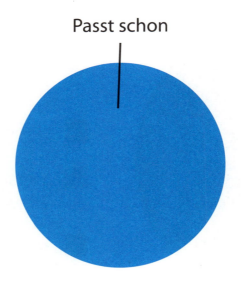

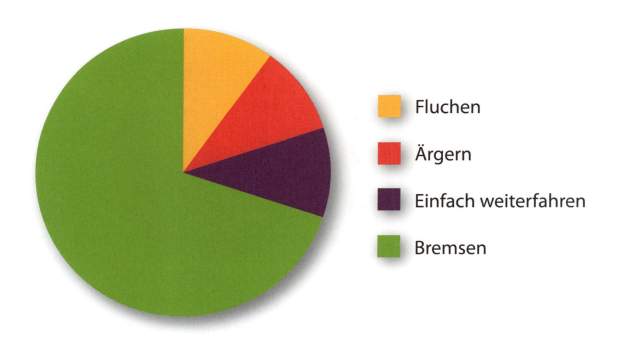

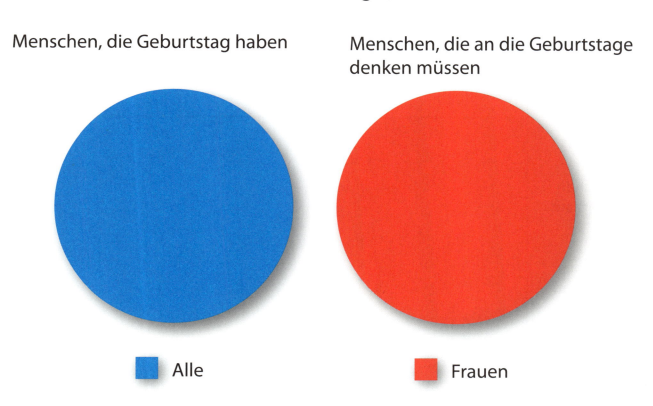

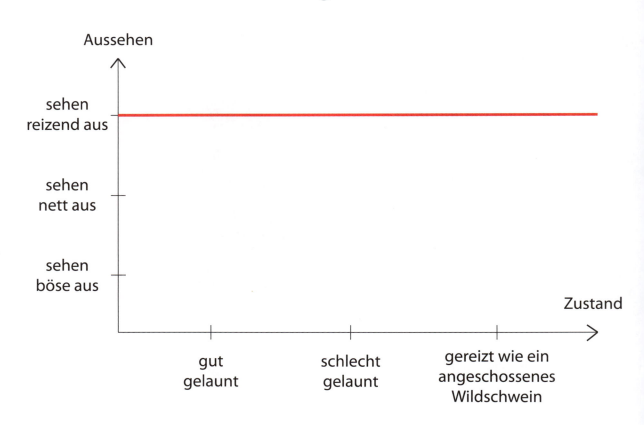

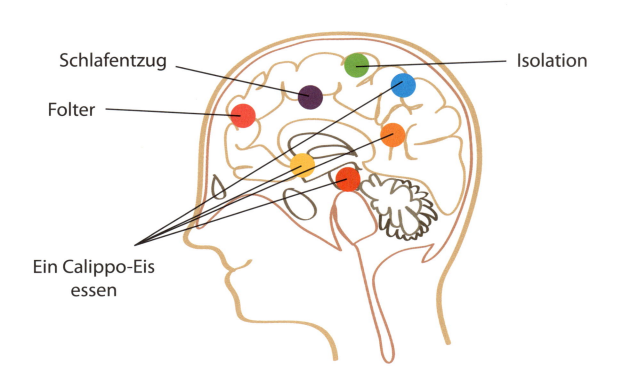

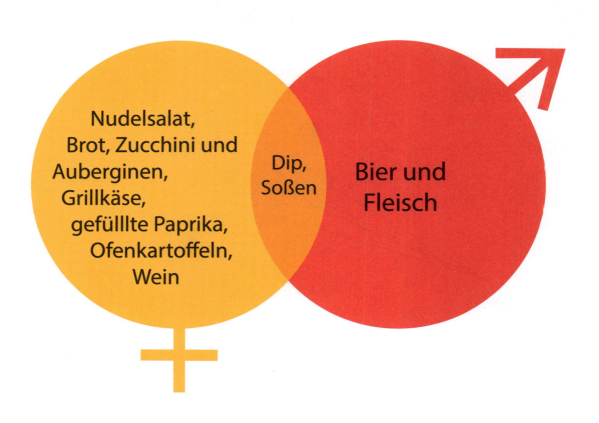

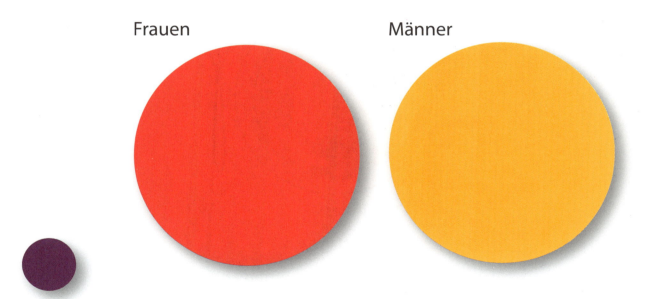

Gesprächsthemen beim Essen, wenn sie gekocht hat

- Die Kinder
- Die Weltlage
- »Was soll ich morgen kochen?«
- Sein Tag
- Ihr Tag

Gesprächsthemen beim Essen, wenn er gekocht hat

■ Er hat gekocht.

So macht er sie glücklich

So macht sie ihn glücklich

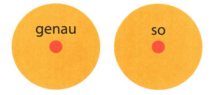

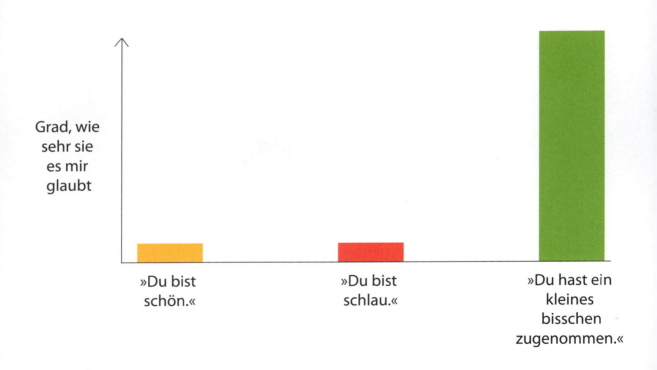

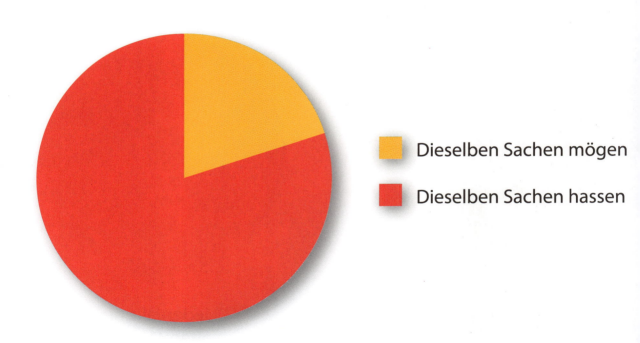

Was Männer sagen, wenn sie das Gurkenglas nicht aufkriegen

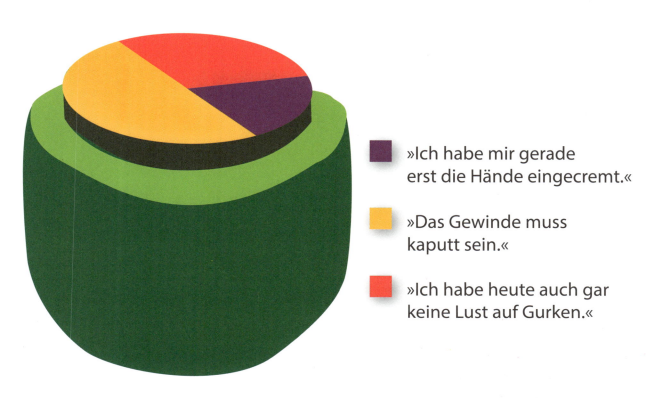

■ »Ich habe mir gerade erst die Hände eingecremt.«

■ »Das Gewinde muss kaputt sein.«

■ »Ich habe heute auch gar keine Lust auf Gurken.«

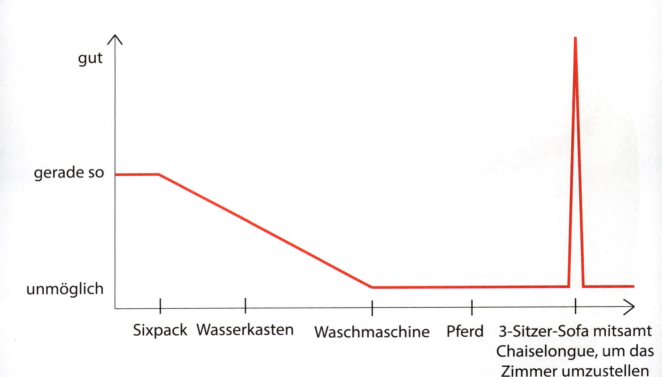

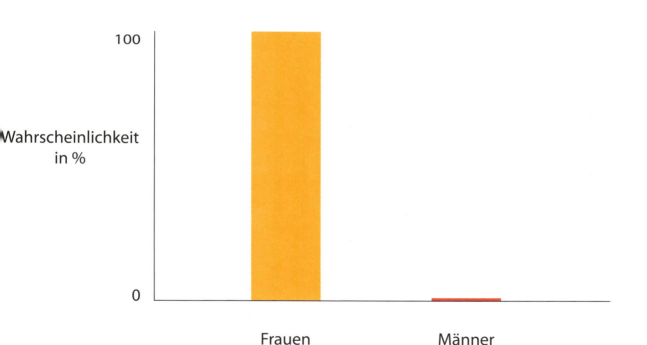

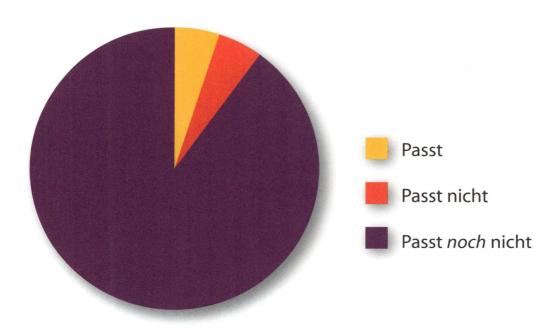

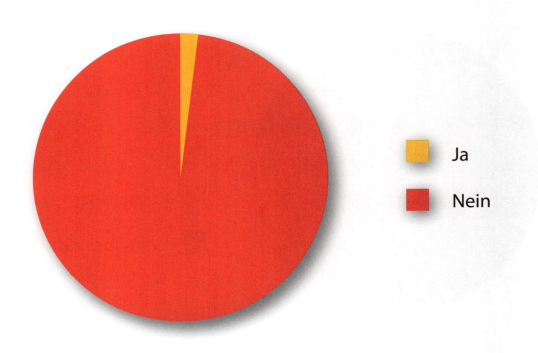

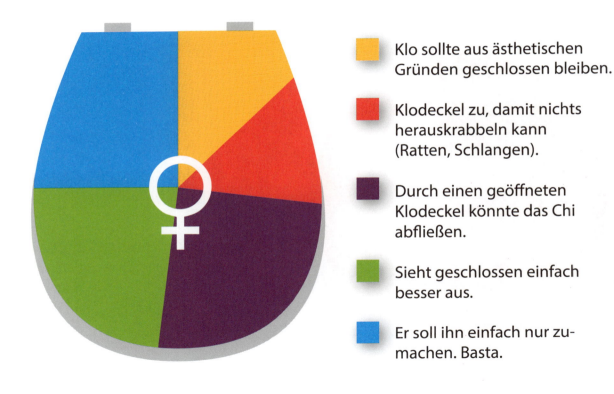

Männer und die Klodeckel-Frage

Ein Klo lässt sich doch nur bei geöffnetem Deckel benutzen.

Ihre Konfektionsgrößen

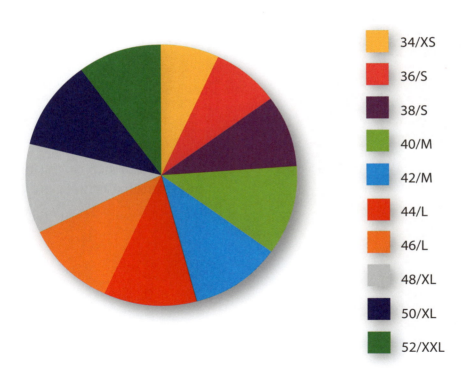

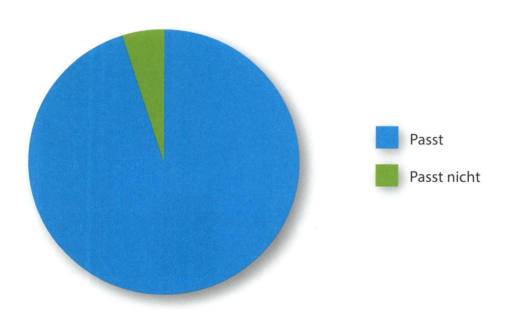

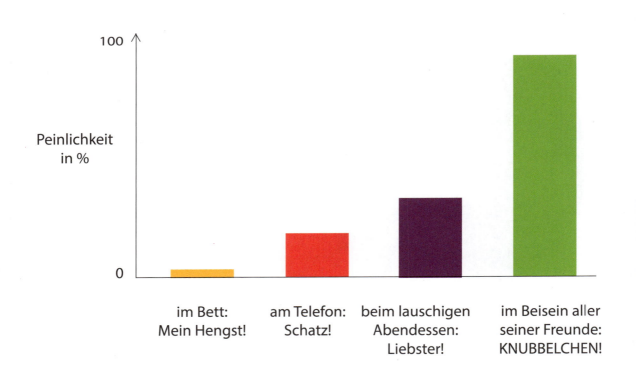

Der Kreislauf der gemeinsamen Nacht

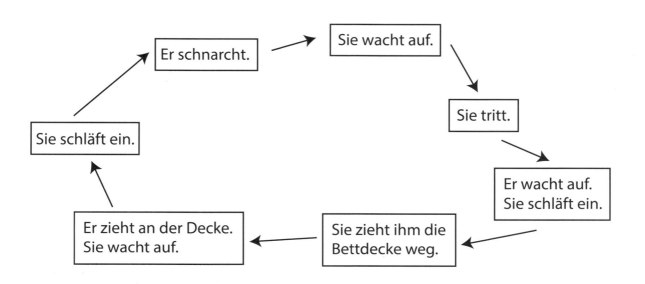

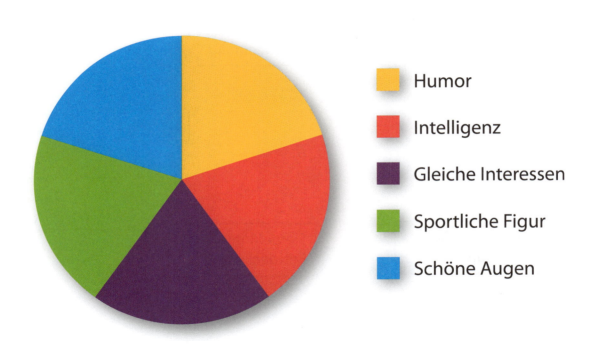

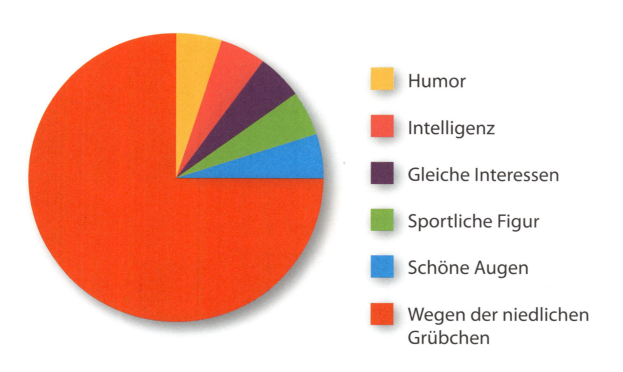

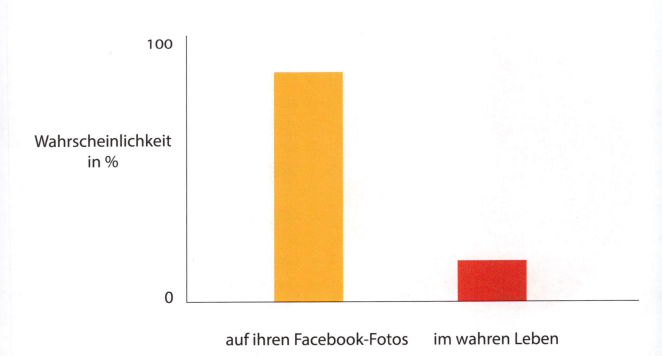

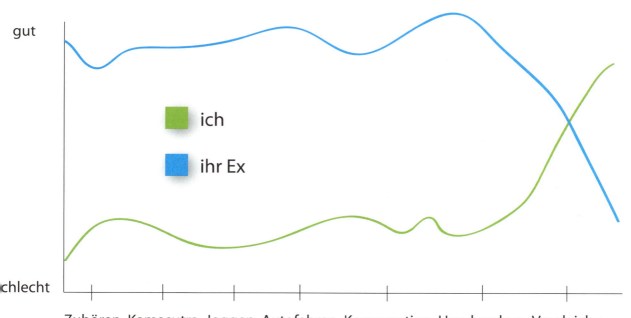

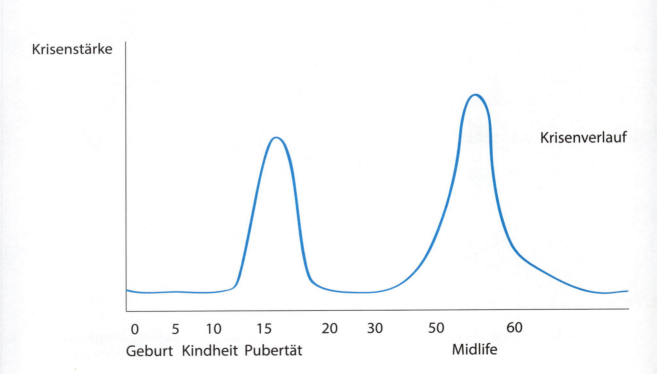

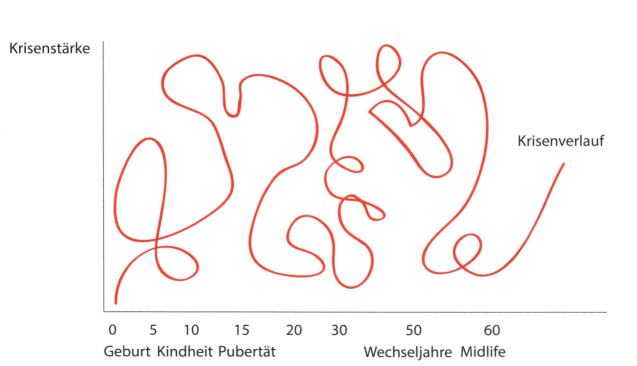

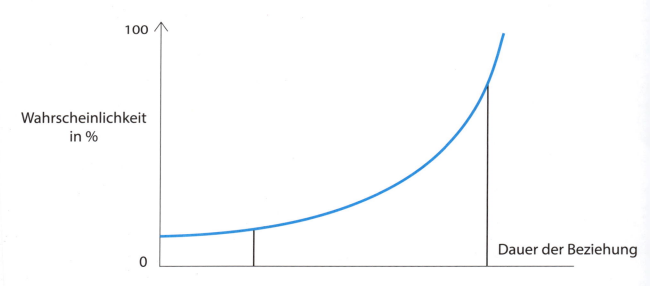

Die unerhörte Komplexität der Liebe

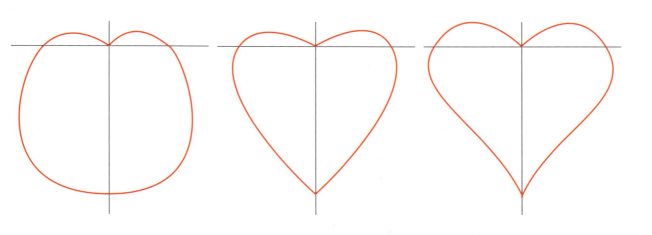

r = 1 − sin(0)   (x² + y² − 1)³ − x²y³ = 0   x = 16 sin³(t)
y = 13 cos(t) − 5 cos(2t)
 − 2 cos(3t) − cos(4t)

Gründe, warum Frauen eine heiße Liebesnacht abbrechen

- Die beste Freundin heult auf die Mailbox.
- Irgendwie bekommt sie den morgigen Termin beim Tierarzt nicht aus dem Kopf.
- Die Beine sind nicht frisch rasiert.
- Sie hat so ein komisches Geräusch gehört.

Gründe, warum Männer eine heiße Liebesnacht abbrechen

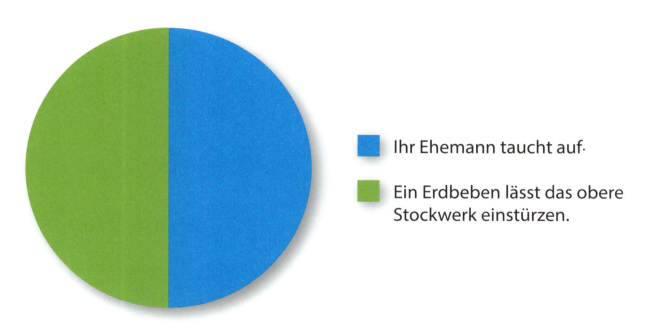

Was Männer verstehen, wenn Frauen sagen: »Mach doch, was du willst!«

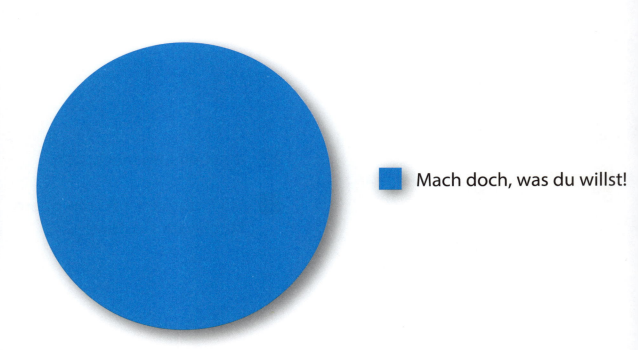

■ Mach doch, was du willst!

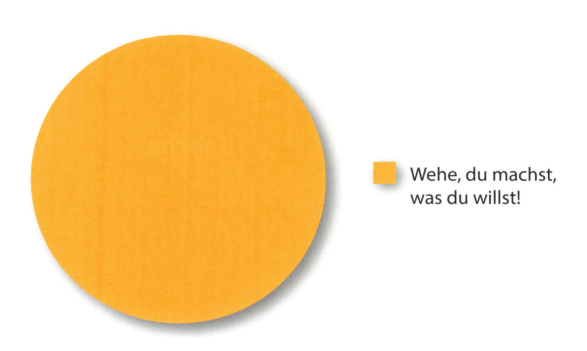

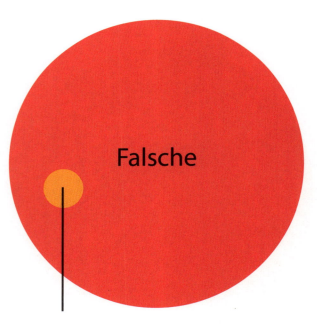

Ist es ein gutes Männergeschenk?

- 🟨 Es verfügt über einen Schalter.
- 🟥 Es kann brummen, rattern, fahren oder macht sonst einen Lärm.
- 🟪 Es beinhaltet einen Motor oder eine Batterie.
- 🟩 Es ist ein Luxusgut.
- 🟦 Es ist eine Spielkonsole oder kann mit ihr benutzt werden.
- 🟧 Es stammt aus einem Baumarkt.
- 🟧 Man kann es am Auto/Motorrad anbringen.
- ⬜ Es hat mit Sex zu tun.

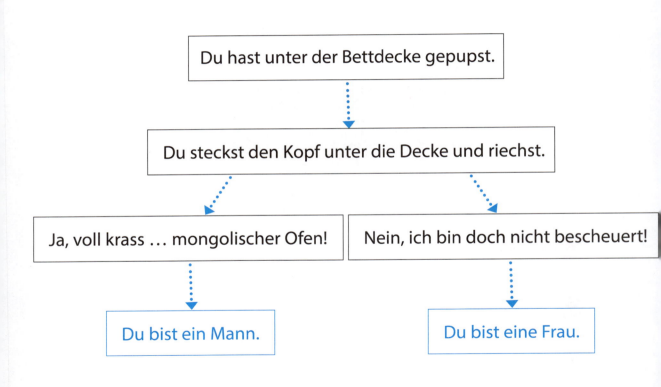

Mission: Gehe zu Zara und kaufe eine Hose

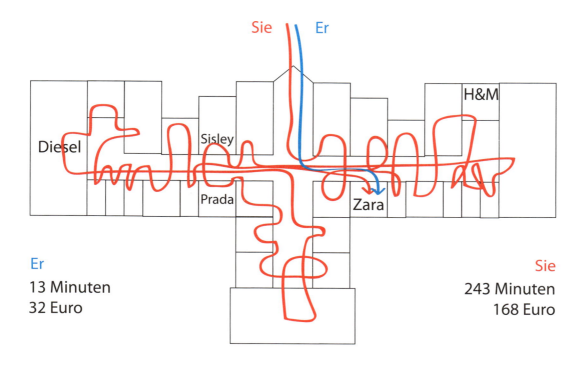

Er
13 Minuten
32 Euro

Sie
243 Minuten
168 Euro

Ökologie beim Waschen

Frauen, die Wert auf nach-
haltigen Umgang mit
Energie legen

Frauen, die umweltbewusst
und ressourcenschonend
Energie verbrauchen

Frauen, die allein für ihre Lieblingsbluse die
Waschmaschine anschmeißen

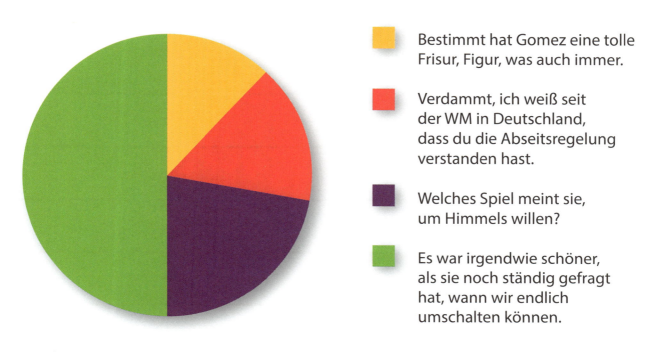

Multitasking

Was Frauen gleichzeitig fehlerfrei erledigen können

Schwere paartherapeutische
Hilfestellung für die Freundin
am Telefon geben

Den Sohn trösten, weil ihn
eine Mücke gestochen hat

Endlich die Kontakte im Mailordner
am Rechner aktualisieren

Im Kopf die Einkaufsliste für
nächste Woche erstellen

Die Probleme der Freundin
mit den eigenen vergleichen

Multitasking

Was Männer gleichzeitig fehlerfrei erledigen können

Kaugummi
kauen

Gehen

Wovon Männer ausgehen, wenn Frauen »Na toll!« sagen

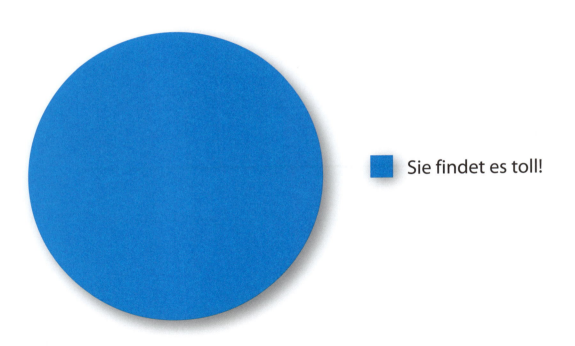

Was Frauen meinen, wenn sie »Na toll!« sagen

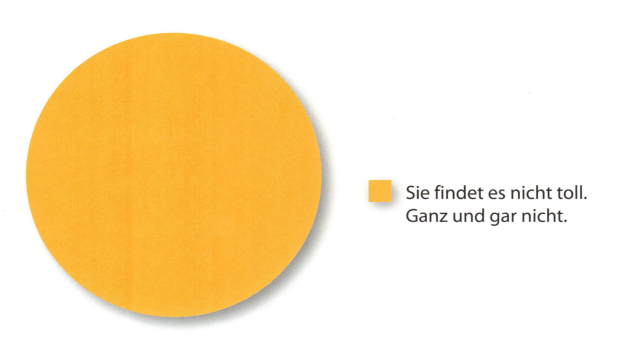

■ Sie findet es nicht toll. Ganz und gar nicht.

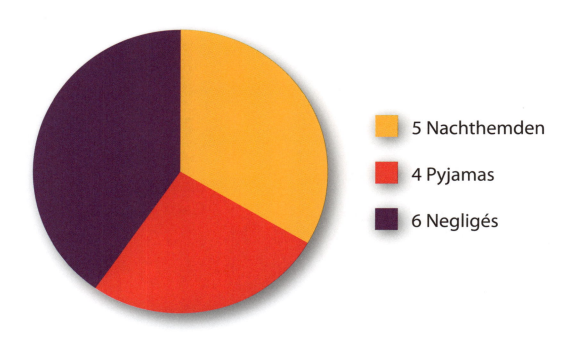

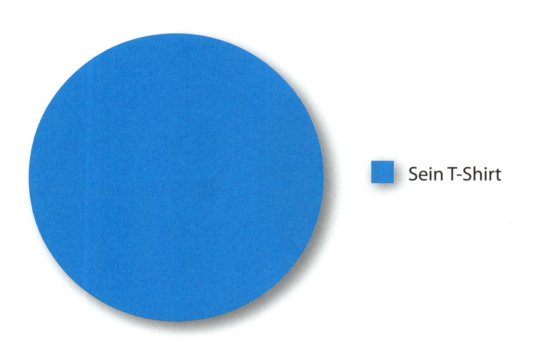

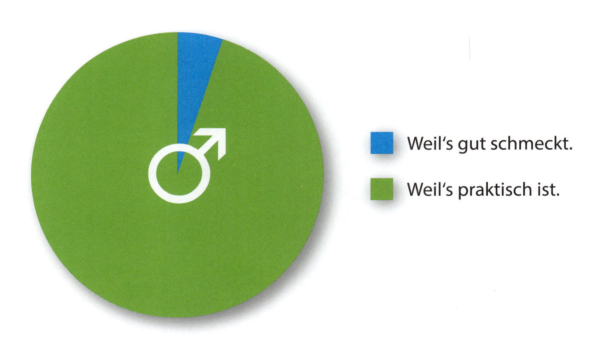

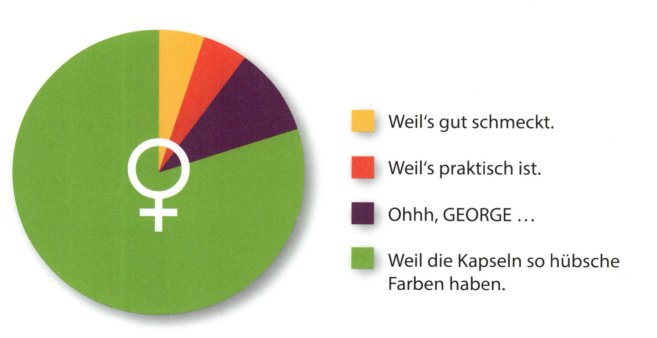

OMMMM

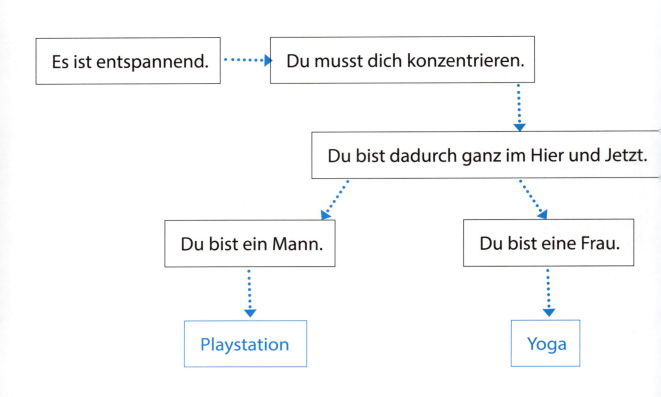

Wann sich Paare am besten verstehen

5% im ersten Jahr   5% im zweiten Jahr   90% wenn andere Paare zu Besuch sind

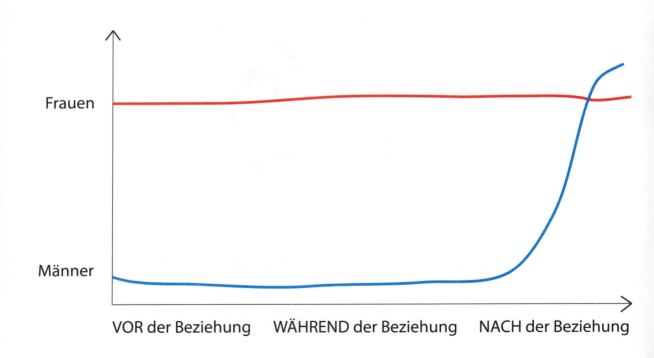

Ihre Wahl in der Pizzeria

Pizza mit Mozzarella, Schinken und Käse

Pizza mit Salami, Zwiebeln, Peperoni und Tomaten

Pizza mit Mozzarella, Schinken und Käse, aber statt dem Schinken Artischocken, ohne Käse und dafür Ruccola und etwas Tomate – wenn sie aus kontrolliert biologischem Anbau sind.
Ansonsten die Lasagne. Gibt es die vegetarisch?

Pizza mit Ruccola und Büffelmozarella

Warum ich den Playboy lese

☐ Wegen der Interviews

■ Wegen der »Interviews«

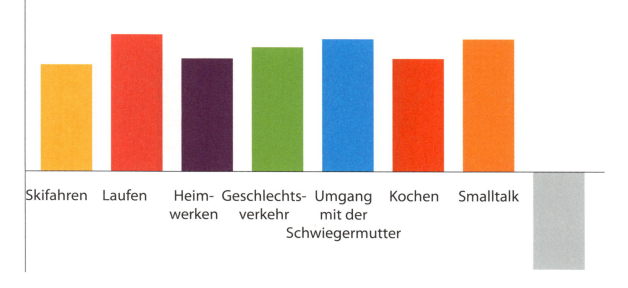

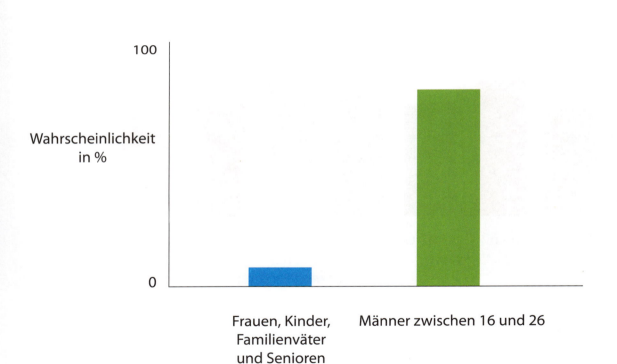

Wie Frauen auf Welpen reagieren

- Die Tonlage steigt um 3 Oktaven.
- Die Umwelt wird ausgeblendet.
- Worte werden in die Länge gezogen: »Wieeeee süüüüüüß!!!?«
- Andere dürfen den Welpen nicht mehr anfassen.

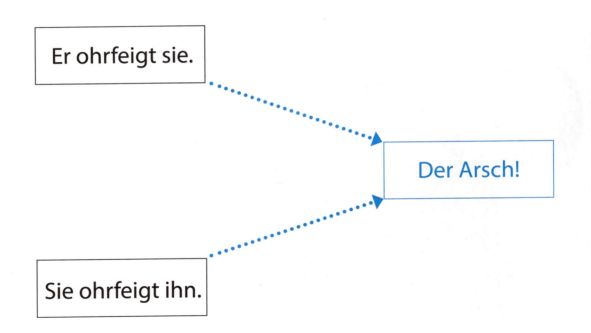

Reaktionen, wenn Frauen der Ex des Mannes begegnen

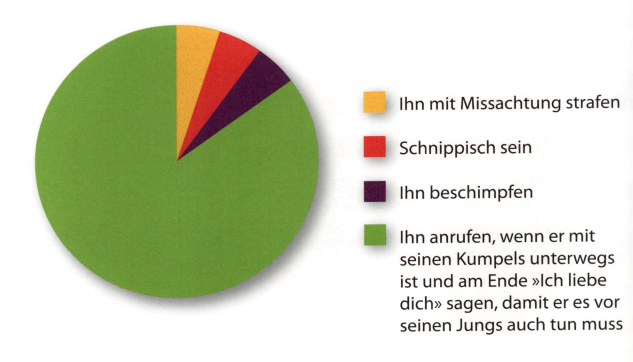

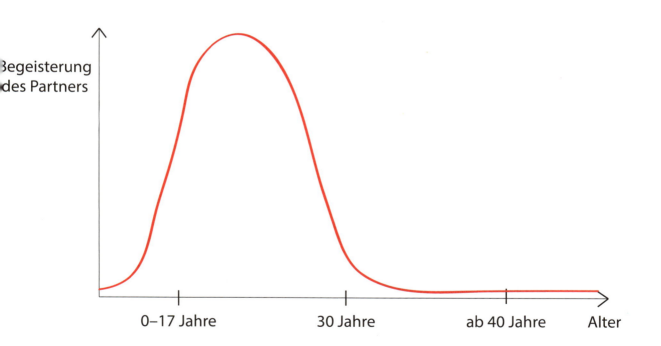

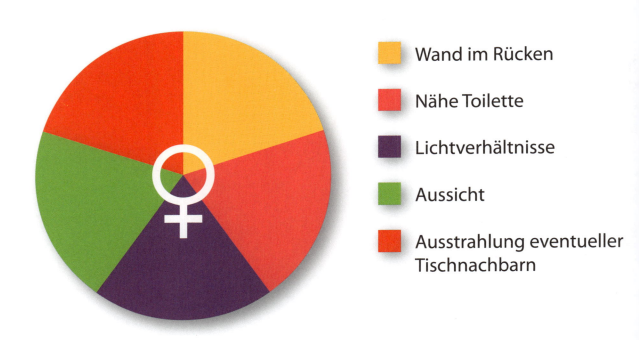

Was bei der Auswahl eines Restauranttisches wichtig ist

Es gibt schnell und viel zu essen.

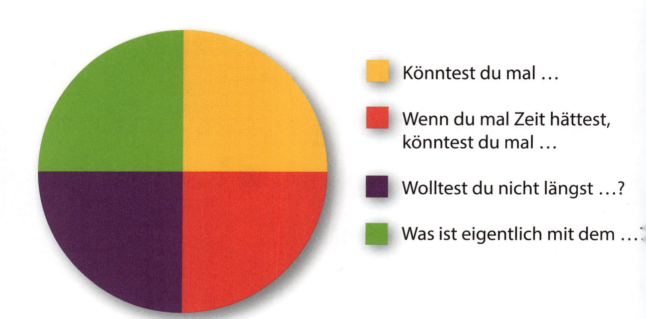

Welche Schuharten Männer und Frauen kennen

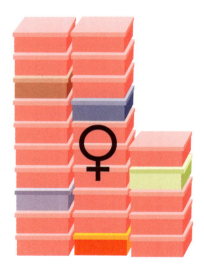

Ankle Boots, Ankle Sandals, Ballerinas, Balletstiefel, Booties, Brautschuhe, Chap-Boots, Dianetten, D'Orsay Pumps, Flamenco-Pumps, High Heels, Hochfrontpumps, Keilpumps, Mary Janes, Sandalen, Slingbacks, Sneaker, Spangenpumps, Riemchensandalen, Pumps, Pantoletten, Clogs, Wedges

Herrenschuhe, Fußballschuhe, Adiletten, Puschen

Was die Frage »Ist noch Schokolade in der Küche« bedeutet

Was die Frage »Ist noch Schokolade in der Küche« bedeutet

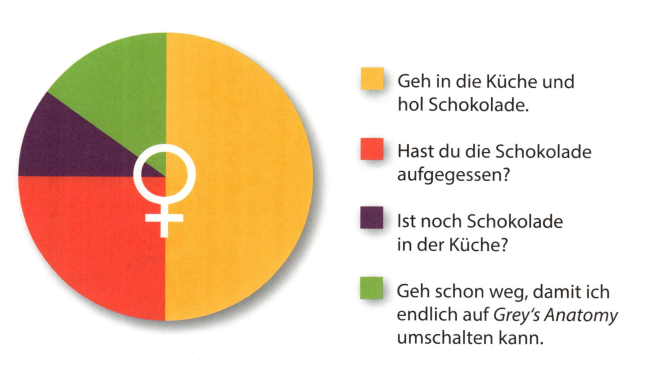

- Geh in die Küche und hol Schokolade.
- Hast du die Schokolade aufgegessen?
- Ist noch Schokolade in der Küche?
- Geh schon weg, damit ich endlich auf *Grey's Anatomy* umschalten kann.

Selbstbild im Spiegel

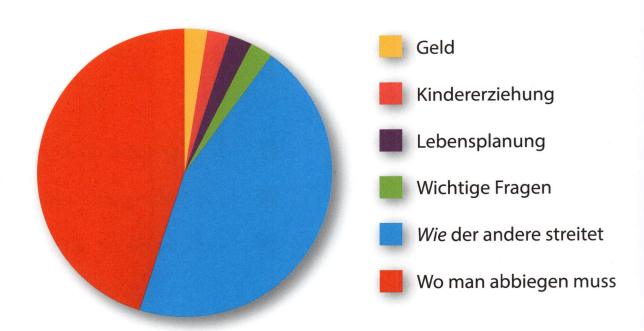

Vernünftiges Verhalten für Männer während eines Streits mit ihrer Frau

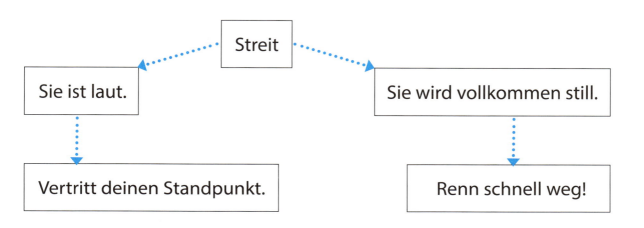

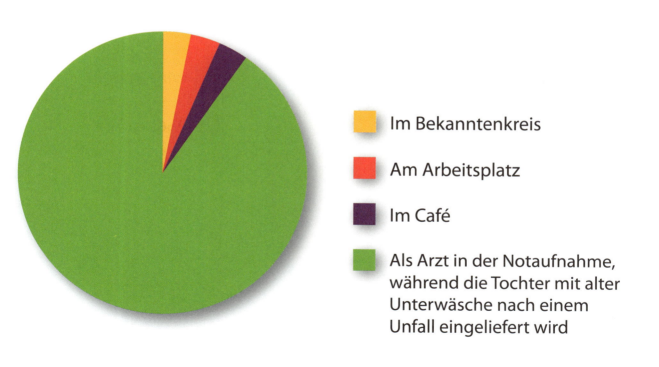

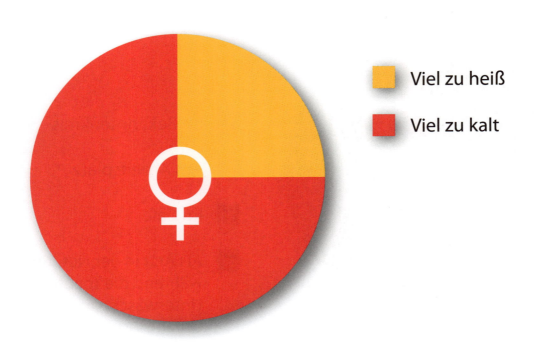

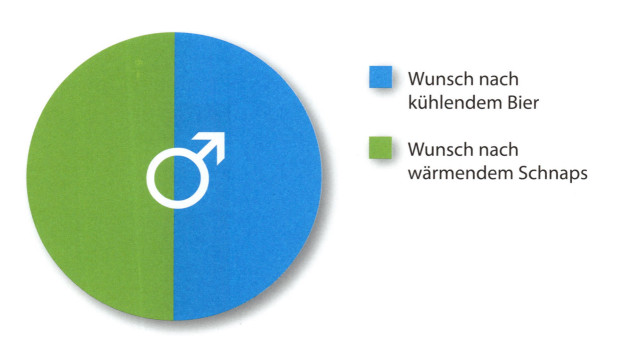

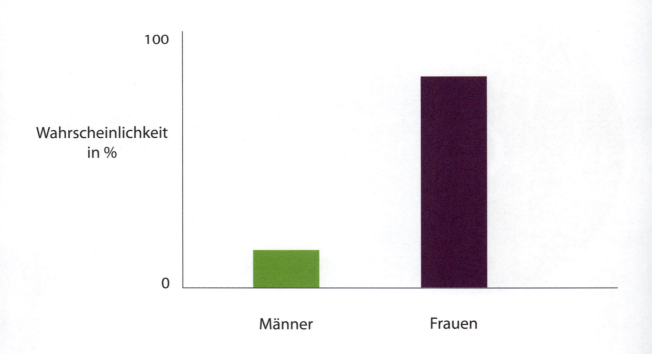

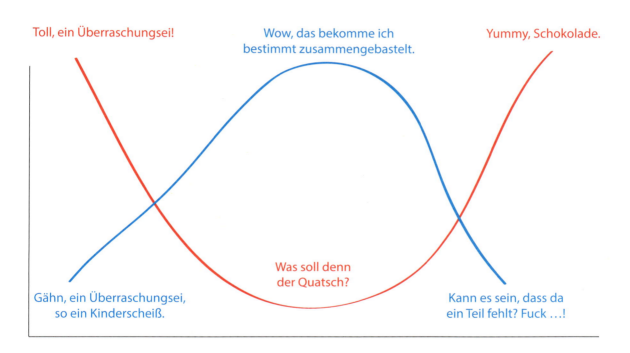

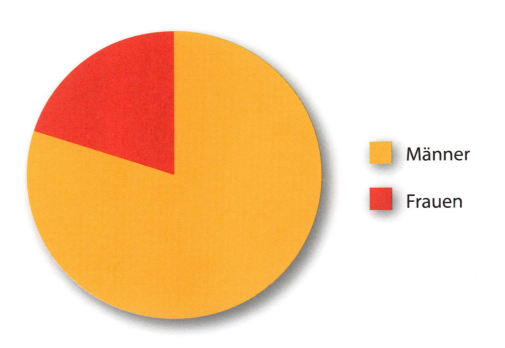

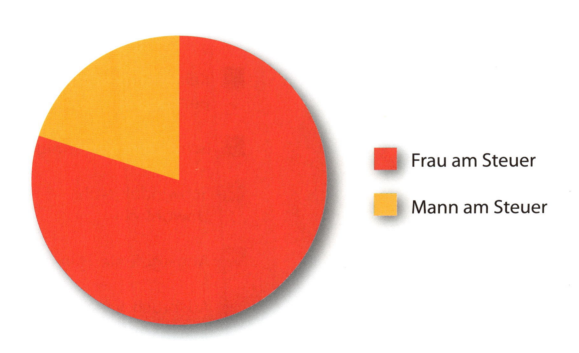

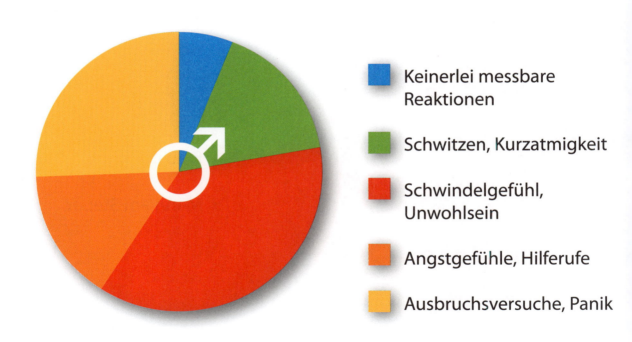

Verhalten in engen, fensterlosen Räumen

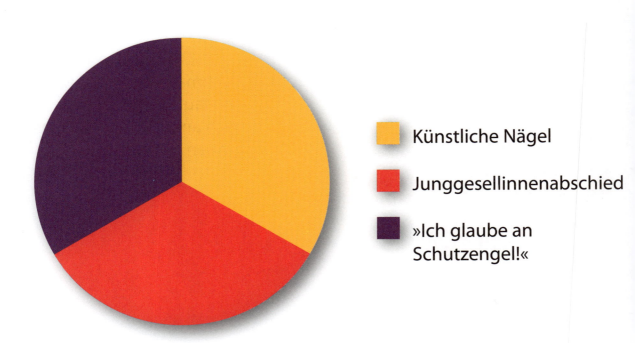

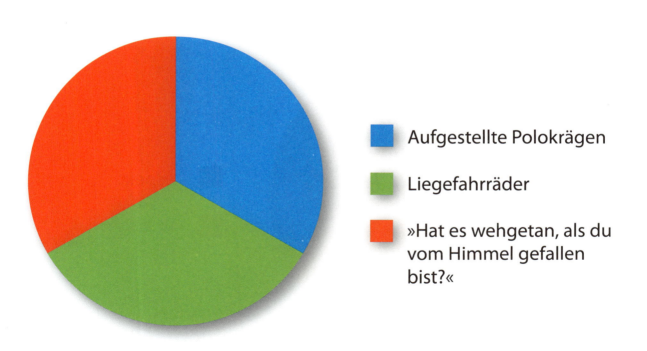

Vertrauen ist gut …:
Was Männer und Frauen in einer Beziehung wichtig finden

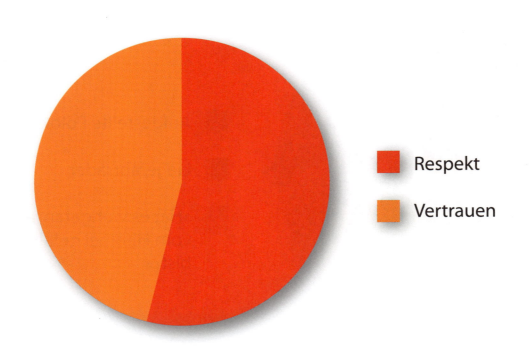

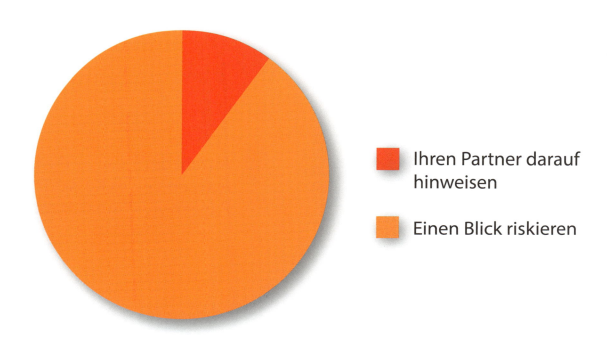

Verzauberte Prinzen

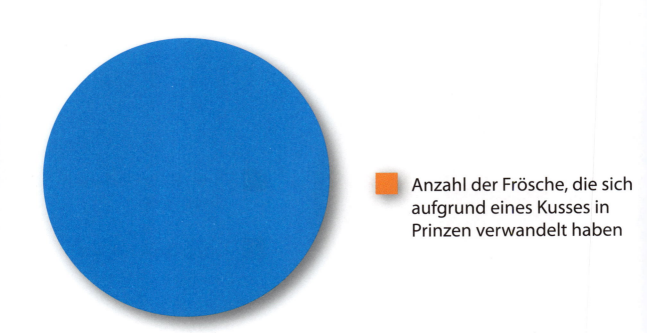

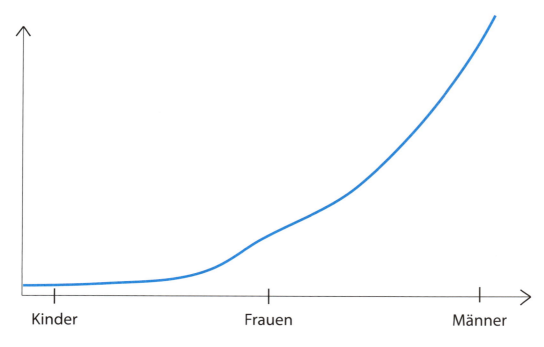

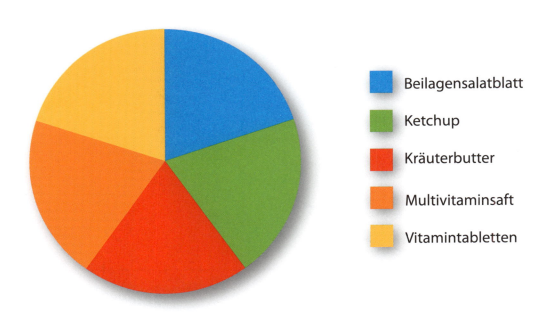

Wie Frauen Vitamine zu sich nehmen

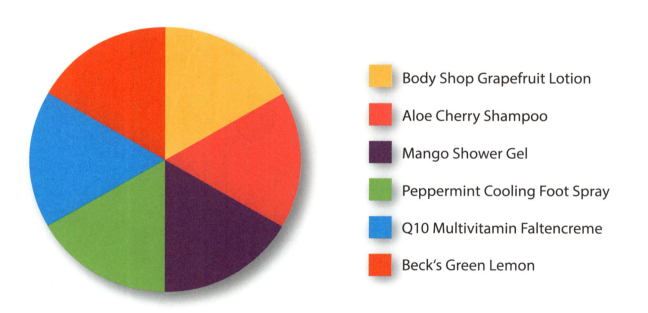

- Body Shop Grapefruit Lotion
- Aloe Cherry Shampoo
- Mango Shower Gel
- Peppermint Cooling Foot Spray
- Q10 Multivitamin Faltencreme
- Beck's Green Lemon

Wäsche aufhängen

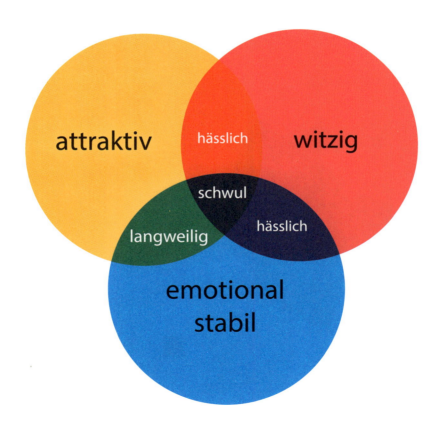

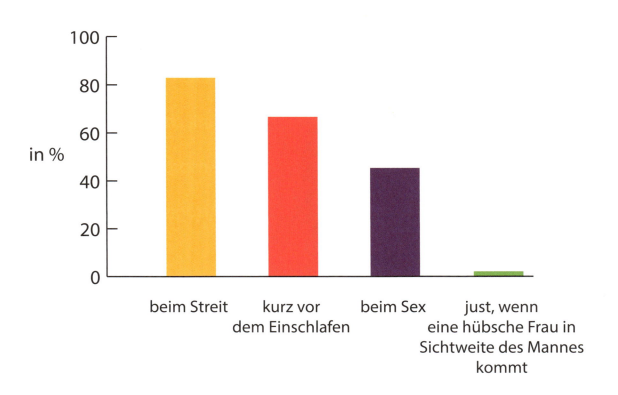

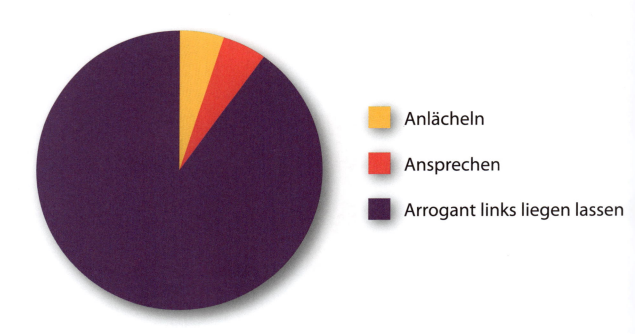

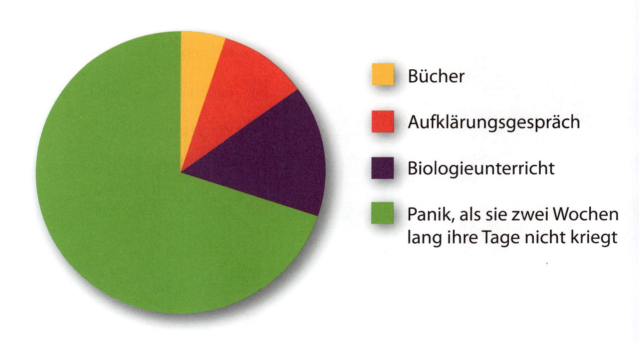

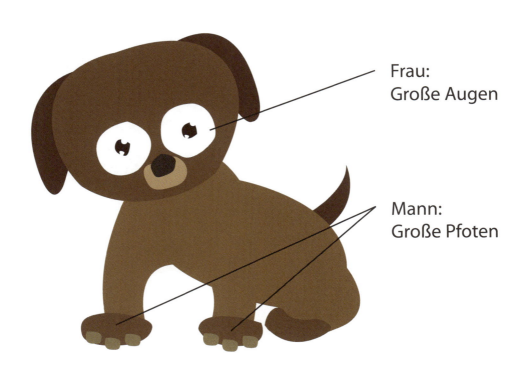

Werbung und Realität

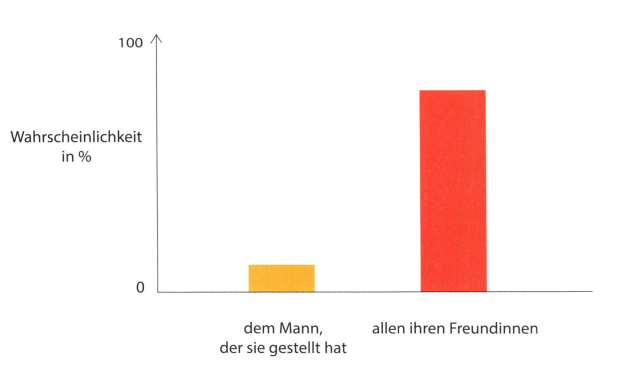

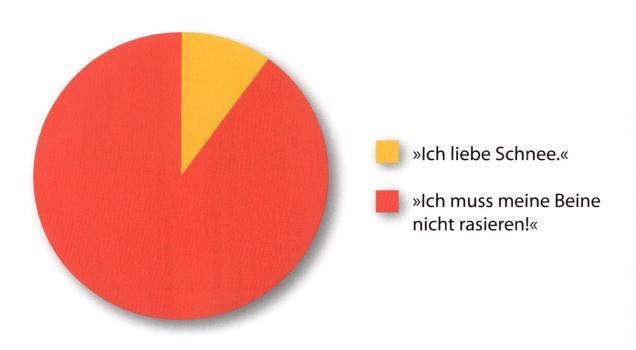

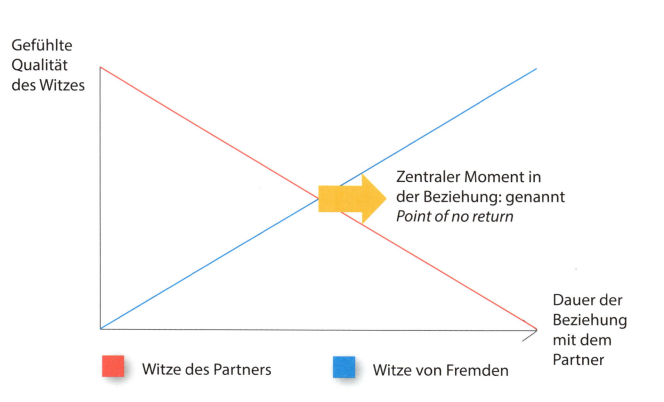

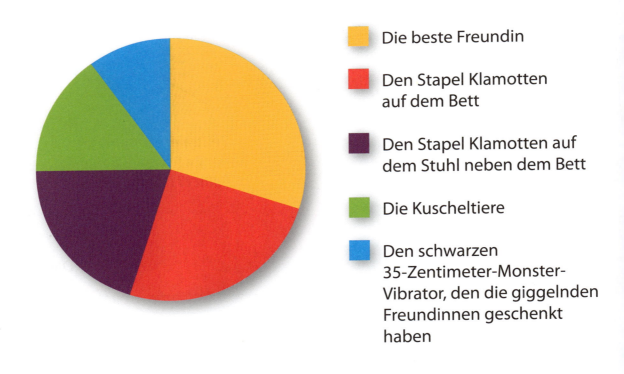

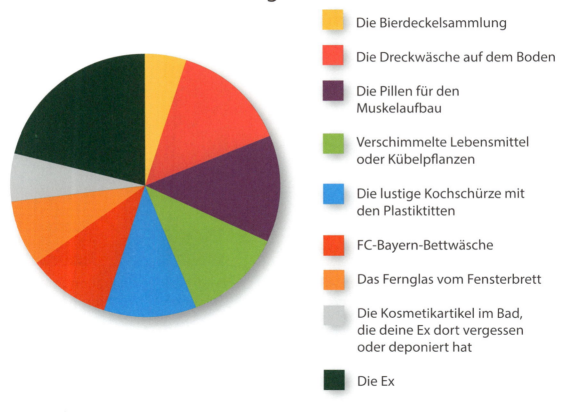

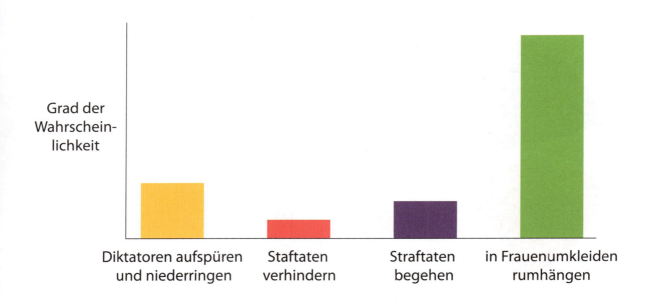

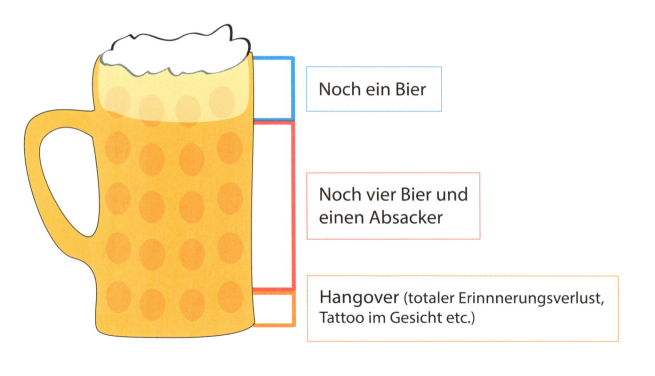

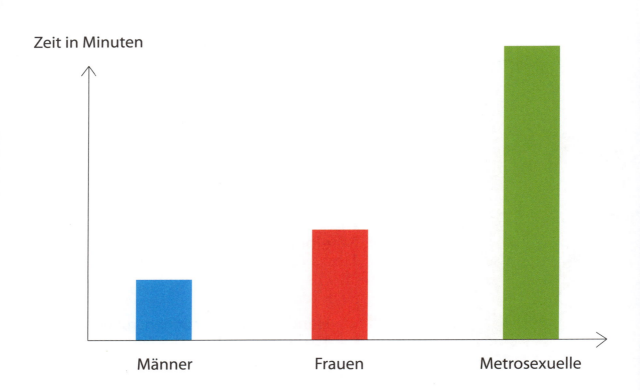

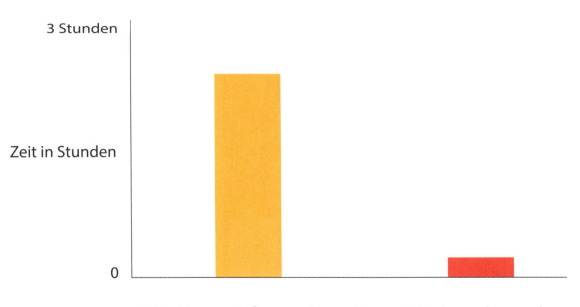

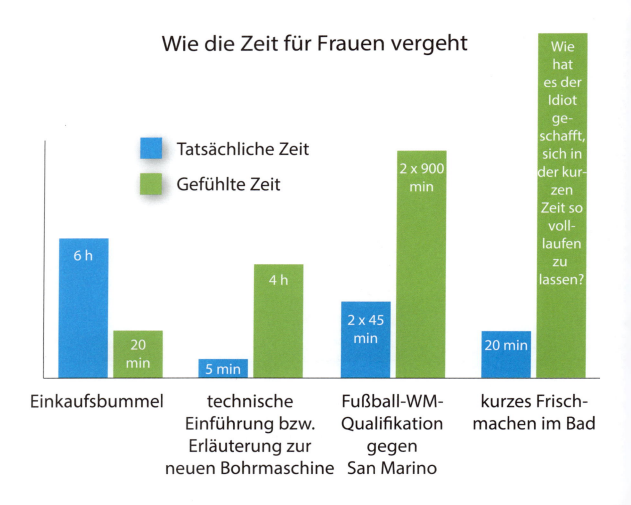

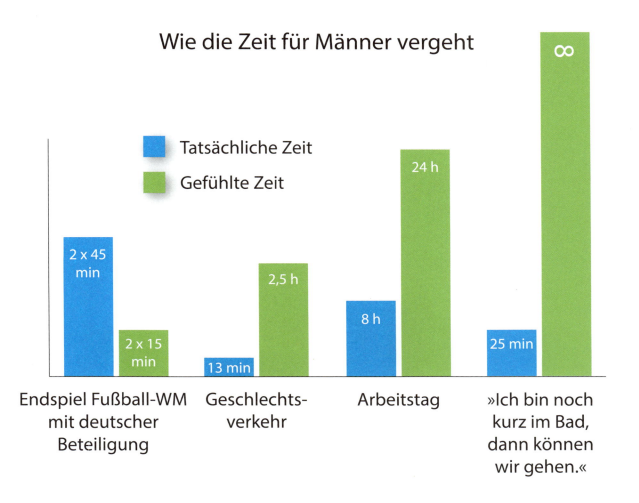

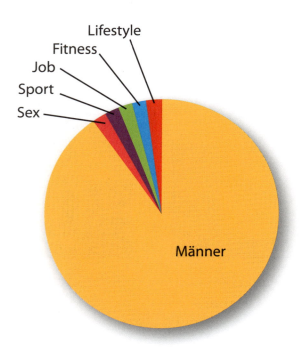